_____ 님께

김선옥 제5시집

칠십 리 여행

김선옥 제5시집

칠십 리 여행

도서출판 예인

□ 작가의 말 ───────────────

매번 시집을 낼 때마다 왜 이렇게 갈증이 날까?
갈증의 목을 축이는
물 한 모금처럼 흡족한 시를 쓸 수 있다면
이런 아쉬움은 없을 텐데, 채우지 못한 여백
때문이리라
내 나이 칠십인데도
서산에 걸린 노을에 황홀해지고
살랑거리는 봄바람에 흔들리는 꽃을 보며
눈물이 나는 걸 보면
아직은 푸른 하늘을 보고 싶은거다
변함없는 애정으로 용기를 갖고 제5시집을 상재한다.
나머지는 읽는 이의 몫으로 넘겨 놓고……

                    혈구산 아랫마을에서 4월에

1부
마음의 서랍

자서 / 5
마음의 서랍 / 15
박꽃 앞에 서다 / 16
갈증 / 17
오이 덩굴을 보며 / 18
구절초1 / 19
구절초2 / 20
살아남기 / 21
후회 / 22
겨울 나목 / 23
2019년 새해 아침 / 24
민병갈 수목원에서 / 25
박넝쿨 / 26
얼굴 주름 / 27
인생 승차권 / 28
당신 / 29
금강휴게소 / 30
추억 1 / 31
인생 / 32
거울 앞에서 / 33
가을 / 34

2부
세월의 고백

잔디를 태우며 / 37
봄이 눈 뜨다 / 38
봄을 사오다 / 39
봄날의 정사 / 40
매화 봉우리 / 41
홍시 / 42
파스 / 43
손톱 / 44
두루마리 휴지 / 45
휴지 / 46
뽕과 뺑 / 47
헛소문 / 48
수석 감상 / 49
3.1절 진혼가 / 50
알밤 / 51
스마트폰 / 52
세월의 고백 / 53
풍년 압력밥솥 / 54
폭염 / 55
그럴 리 없어요 56

3부
아름다운 진실

뻥 / 59
통닭의 자존심 / 60
모방과 표절 / 61
당신도 시인입니까 / 62
아시나요. 그대 / 63
장례식장에서 / 64
통영 식도락 그곳에 가면 / 65
몽돌 / 66
일용 근로자 / 67
집념과 집착의 미학 / 68
광풍 / 69
외포리 파도 / 70
꼴뚜기의 항변 / 71
화장실 / 72
아뿔싸 / 73
콧방귀 / 74
땅 따먹기 / 75
오직 한 분뿐 / 76

4부
변신은 무죄

감자밭에서 / 79
충고 / 80
봄동 / 81
해국 / 82
바랭이 풀 / 83
해바라기 / 84
유월의 애가 / 85
순무 김치 / 86
변신은 무죄 / 87
봄 / 88
詩야 놀자 / 89
물들이기 / 90
거짓말 / 91
단풍 / 92
추억 2 / 93
고사리 / 94
이웃사촌 / 95
고려궁지의 벚꽃 / 96

5부
칠십 리 여행

골목 / 99
아버지 목소리 / 100
자반고등어 / 101
송편을 먹으며 / 102
달아 공원에서 / 103
위대한 힘 / 104
간판 없는 칼국수 집 / 105
폐지와 할아버지 / 106
뭘 신고 건너나 / 107
기도 / 108
노근리에 내리는 봄비 / 109
평창 / 110
낡은 구두 / 111
내 이름 찾기 / 112
봄으로 오는 그대 / 113
어미라는 이름으로 / 114
이 가을에 / 116
자화상 / 117
아름다운 동행 / 118
모성애 / 121
칠순, 칠십 리 여행 / 123

1부 마음의 서랍

지나온 시간
시퍼런 칼날을 세워
누구도 범주치 못했는데
외면했던 진실 얼마나 놓쳤을까

마음의 서랍

이순(耳順)에
오랜 비밀의 성문을 열 듯
금단의 마음을 연다

지나온 시간
시퍼런 칼날을 세워
누구도 범주치 못했는데
외면했던 진실 얼마나 놓쳤을까

비우면 채워지는 걸 부정하는 동안
이미
내 청춘은 선지처럼 굳었다

이제라도
빗장을 활짝 열어 놓고
말랑말랑한 무시루떡처럼
켜켜이 채워야 할 텐데
그 시간
얼마나 남았을까

박꽃 앞에 서다

너무 희어
너를 볼 수 없고
너무 고와서
만질 수도 없다

허공의 무게 같아
가까이 갈 수 없고
손대면 나비로 날을 것 같아
숨어서 본다

달빛은 창백하고
찬 서리는 내리는데
나, 너 닮고 싶은 마음
어찌하란 말이냐

갈증

해답을 찾는 일은
수심보다 더 깊어
한 점 건더기마저
잡히지 않고

더 먼 데로 흘러가는
강나루 배처럼
가물가물하기만

아득하여
뒤돌아서려는데
달려올 듯, 올 듯한

문장의 푸른 문맥이여

오이 덩굴을 보며

농산 묘목장에서 사들여 온
오이 한 포기
오지항아리에 심었다

하늘을 향해 힘차게 올라가는 것이
마치 이태 전 먼 나라 가신
어머니 붙좇아 가고 싶은
내 마음인 듯

치마폭 같은 덩굴 마디마다
감싸 안은 분신들
어머니가 이 땅에 남겨 놓은
6남매

구절초 1

등마루에 온통
하얀 수건 걸어 놓고
누굴 기다리는가

길 가던 나그네
발길 멈추게 하는
가을 여인아

구절초 2

이태 전
양지바른 동산에 황톳집 짓고 이사한
엄마

생전에 한이 되셨는지
딸이 올까 봐
달걀후라이 한 상 가득 차려 놓았다

살아남기

아침 안개처럼
흔적 없이 사라지는 것을
인생이라 하던가

먹물 번진 종이처럼
얼룩진 날들은
한낮의 꿈

또다시
성을 넘는 말발굽 소리는
초원으로 달려가는
은밀한 탈주

후회

아득하다
곧은 줄만 알았는데
층계마다
탁본처럼 각인 되었다

또다시, 헛발 디딜까 봐
지나온 길
스승으로 길잡이 되어
주기도문 외우듯
노심초사 걸어온 길

그럴 리야 없겠지만, 다시
내려갈 수 있다면
세월의 목덜미를 움켜잡고
비켜 달라 할 텐데.

겨울 나목

잎새
서둘러 떠난 후
늙은 나무는
종탑의 십자가처럼
헛헛하게 서 있다

눈 내리고
세상도 금세 변했다
무한의 깊이로
남아있는 옹이도
제 몸 간수하기도 힘들어
아귀에 힘을 뺀다

모두 내어주고 떠나보낸
나목
내 아버지

2019년 새해 아침

지난날 무심했던
널브러진 날들을
주섬주섬 주워 모아
간밤에 날려 버렸습니다

가만가만 첫사랑 다가오듯
황금빛 꿈을 안고
그대 오신다기에
빗장을 열어 두었지요

두 손 들고 달려오는 그대
맞이할 벙그는 마음은
쌍무지개 뜨는 언덕에
함박꽃으로 피어납니다

민병갈 수목원에서

해무가 S라인 해변을 돌아가는 길
불러도 돌아오지 않는 이름이지만
푸른 눈을 가진 그를 만난다

일평생 일구어 놓은 풍경은
그대의 숨결

찾아오는 이
누구나
실낙원에 한 마리 새가 되어
영혼의 세계는 멸망하지 않는다는
진리를 가슴에 품고
당신의 일생을 걸어가 본다

박넝쿨

어머니 살아 계실 때
담벼락 밑에 심어 놓은 박 씨 한 개
노란 싹이 땅 위로 비집고 나와
담벼락 타고 올라가서
허공에서 춤을 춘다

어디를 가려고 저렇게 애를 쓰는 것일까
바라보고 있노라니
꿈속에서 보고 싶은 어머니 찾느라
팔을 휘젓던 생각이 난다

박넝쿨에 매어 달린
조롱박으로 물 한 바가지 가득
드릴 수만 있다면

얼굴 주름

감정의 얼룩까지
주름이 된
나만의 절대 성역

노화의 문신은
세월이 남긴 눈물 자국인가

거울 앞에 서니
거기 답이 있다

인생 승차권

양자택일 없는
홑 길

너, 나, 우리 모두
되돌이 없는

한 길
방향이 같은
소지자의 종착역

당신

섬 하나

그리움에 잡혀버린
신기루

내 안의 섬

금강 휴게소
― 시화 앞에서 ―

천혜의 숲과
맑은 물소리에
취한 듯 주저앉은
금강 휴게소

서울과 부산이 만나는
한반도의 꼭짓점에
도리뱅뱅이처럼 가지런히
시화 액자 아름답다

가는 이 오는 이
발길 잡아 놓고 몸 풀린
금강의 물줄기 같은
여유로운 문장
시인의 영혼을 읽는다

추억 1

넘어가는 해
서산을 끌어안고
안부를 묻는 듯
흘러가는 구름 한 조각
고향 쪽으로 흐른다

시오리 외갓집 가는 길
낮 꿩이
폭탄처럼 치솟다 떨어지고
대숲을 빠져나가는 바람의 울음
산까치 등에 업힌 내 유년은
아직도 그곳에 머물러 있다

한 걸음 앞이듯 선연한 그곳
모두 그대로일까
긴 세월이 엊그제 같은데

인생

누구나 고해라 했던가
삶의 한 장 한 장이
낯설음에 익숙해질 때쯤
떠나고 남는다

툭 떨어지는 나뭇잎 같아
뒤돌아보면 쓸쓸하다

미련은 자꾸 발목을 잡는데
바람 앞에
낙엽 한 장 같은

거울 앞에서

아침 햇살 같았던
해맑음은
어디로 가고

가을 낙엽 같은
눈가에 잔주름이
회한의 흔적으로 남아
타인 같은 자화상

반추하는 외로움

가을

불타는 가슴
뜨거운 정열
화끈한 성깔
스타일이 닮았어

그리움 주고
눈물 또한 주지만
넉넉한 가슴으로
토닥여 주는 마음
사랑도 닮았어

채우기도 전에
퍼주는
정 많은
그대 닮았네 가을은

2부 세월의 고백

나는
앞만 보고 달려가는
옆이나 뒤를 돌아보지 못하는
외눈박이인지도 모릅니다

잔디를 태우며

한여름
초록빛 융단 같은 잔디
뭉개고 밟혀 끝내
얼굴색이 누렇게 떠도
상관하지 않는

찬 서리 온갖 눈비 다 견디며
칼바람도 지켜내고
봄맞이하기 전
집 안 팎 대청소하듯
구석구석 까맣게 태우며
가슴에 품은 자식들 보듬는다

저 하얀 연기는
자신의 몸 사르며
천 만 번 불 속에서 죽을지라도
자양분 되어 부디 고운 싹으로
태어나길 빌며 한 올씩 역어 올리는
어머니의 향불

봄이 눈 뜨다

해시계 닮은 복수초 화르르
자지러지는 웃음소리에
계곡 여기저기
늦장 부리던 얼음장
쩡 쩡 파열음으로 온천지 알리고
깜짝 놀란 산바람도
황급하게 마을길로 달려와
동면하는 것들 부산하게 흔들어 깨운다
어느새
곰살맞은 우윳빛 아지랑이
슬금슬금 마당까지 점령하여
가슴에 품었던 봄기운
무더기 무더기로 지천에 쏟아 놓으니
산수유 생강나무 빠끔히 눈 뜨고

봄을 사오다

시끌벅적한 시장 한 모퉁이에
낡아 굴비처럼 엮어진 소쿠리에
가득 담긴 봄

삭정이 같은 손에
배춧잎 하나 건네주니
하루 일당이라며
금방 하회탈 웃음이 피고

저녁 밥상 뚝배기엔
파릇파릇 봄 내음
안개같이 피어오르는
풋풋한 향기로
우리 집 거실은 온통 벌 나비 나르는
봄 동산

봄날의 정사

겨울을 관통한 갠지스 강바람에
언 몸 털어내고
뜨물 같이 흐르는 는개는
들판을 부둥켜안은 채
봄 처녀 열병 앓이 관조 중이다

생강나무 산수유 젖멍울 풀고
앉은뱅이 오랑캐꽃 고개 내밀 때
양수는 봇물처럼 터지고
풍매화 홀씨도 바람이 난다

봄이 코를 벌렁거리며
뜨거운 생을 방류하는 지금
온 대지는 아랫도리를 걷어 올리고
오르가즘에 젖는 중

매화 봉우리

터질 듯
팽팽한 청춘

열일곱 내 누이
첫사랑처럼 수줍다

어찌 철없는
사랑이라고 말 할 수 있을까

힘겨워하는
정점의 사랑앓이

홍시

눈 비 첫서리 맞으며
단맛
쓴맛
여민 세월
너무 붉다

울타리 너머
멀리 보려고 우듬지에 앉아
해마다 기다리신
우리 어머니

파스

화끈해서 좋다
폭풍 흡입
뜨겁게 달구는 여자다

목 허리 어깨
엉덩이도 마다 않고
사정없이 들이미는
헤픈 여자

살갗에 닿으면
알싸하게 파고드는
매력 만점

뼛속 깊이 파고들어
최면술 걸어놓고
노골노골 야들야들
죽이는 여자다

손톱

어떤 세상일까
내밀에는
조종자가 분명 있다

초승달과 반달
자신의 꿈을 드러낸
재상문, 궁상문, 와상문

운명의 길운이 변신한
예언서

두루마리 휴지

가만히 귀 자우리고 들어보라
숲속에서 들려오는 바람
새벽의 풋풋함이 있고
코끝이 벌렁거리는
향기가 있지 않은가

새 둥지가 있는 나무 아래서
술래 잡는
아이들 웃음소리가
새처럼 훨훨 날아가는
저 소리

식탁에도
화장실에서도
손끝에 닿기만 하면
하얀 날개 쭉 펴
날갯짓하는

휴지

풀어도
풀어도 알 수 없는
인생처럼
너, 또한
그렇다

뽕과 뻥

아름다운 여인을 보는 순간
심장이 멈출 것 같다면
뽕 간 것이다

하나만 먹어도 배가 부르다고 하는
공갈빵 사장님
뻥치는 것이다

마술을 본다
눈뜬장님이 된다
뻥인걸 알면서도 아리까리 뽕 간 것이다

뻥은 뽕을 가장한 신기루
이 세상에 가장 아름다운 수선화란
너의 말 한마디에 눈이 멀었다
뻥인데 뽕 간 것이다

하여
뽕과 뻥은 떼려야 뗄 수 없는
너와 나의 사랑

헛소문

머리도 꼬리도 없는 것이
잡풀처럼 무성하다

일파만파 구만리
미꾸라지처럼 새나간다

야들야들 구워낸 핫도그인 양
한입 무는 순간
모래성 같은
뻥

수석 감상

심안
육안
영안으로만 판독할 수 있는
문신의 내력

비
바람
구름
천둥소리가 억겁의 인연이 된
단단한 고집
아득한 소리 듣는다

3·1절 진혼가

암흑의 긴 터널
일제 강점기 속에
33인이 부싯돌 되어
불꽃으로 타올랐네

동백보다 더 붉은
님이 뿌린 핏방울
민족의 혼줄 되었네

영원하소서
빛을 발하소서
영원히
강산에 봄으로 오시는
님이시여

* 2018.3.1.절 99주년

알밤

헛소문이 아니었네
아무개랑 눈 맞았다고
온 동네 소문을 물어 나르던
봄바람이 잦아드니

밤순이
옹벽도 못 미더워서
가시 망까지 쳐 놓았지만
막달이 되니 자궁 문 쩍 열리고
알토랑 같은 외톨이 출산하는데

입소문 듣고 달려온
수캐가 컹컹

스마트폰

아기가 엄마의 눈 맞추듯
눈을 떼지 못하는 걸 보면
분명
사랑하는 사이다

손과 주머니 속 오가며
촉각을 곤두세워
때론 귀찮은

시도 때도 없이 울어
배꼽 눌러버리면
부르르
앙탈 부리는 철부지
그 여자

세월의 고백

나는
앞만 보고 달려가는
옆이나 뒤를 돌아보지 못하는
외눈박이인지도 모릅니다

시계 초침처럼 밤낮없이
달려가는 태생이지만
아이들과 함께할 때는
거북이 느린 걸음으로
발맞추기도 한답니다

당신의 기준으로 세운 잣대로
한평생이 눈 깜짝할 사이라며
야속하다 하는 당신이 더 야속합니다

너무 따가운 눈으로
몰아세우는 건 억울합니다.
날아가는 화살 같다던 말도
훗날
자충수였음을 알게 될 것입니다

풍년 압력밥솥

수다스럽지만
틈을 보이지 않는 여자
속없이 다 내어 주기도 하는 착한 여자
완주를 목표로
마라톤 선수처럼 결승점을 향하여
지칠 줄 모르고 달리는 여자

칙폭칙폭 칙칙폭폭
아침저녁으로 기차놀이 하는 여자
중간역에 다다르면
콩콩 뛰며 부산을 떠는 여자
그러다가 눈물을 흘리며
고함을 지르다가도 잦아들어
가까이 다가오게 하는
매력 있는 여자

취~익
풍년역 종점에선 꼭 마침표를 찍는
사랑스러운 여자

폭염

나도, 성깔이 있다는 듯
지루한 장마 끝난 뒤
온통 불가마로 달궈놓는
풀무질

숯가마처럼
찜질방이 된 아파트
에어컨도 숨차다

지구는 지금
열병을 앓는 중

그럴 리 없어요

아니어요.
그럴 리 없어요
당신이 내 곁을 떠난다는 걸
어떻게 말해야 하나요.

당신의 뜨거운 심장 소리
지금도 내 가슴에 들려오고
세월이 가고 강물이 말라도
잊지 않겠다던 그 말
귓가에서 아직 맴도는데

은사시나무 이파리처럼
파르르 떨리는 입술에 입맞춤하며
아린 눈빛으로 주고받은 밀어가
내 작은 가슴에
아직도 화산처럼 타오르고 있는데

떠난다니
아니어요
그럴 리 없어요
그럴 리가 없잖아요.

3부 아름다운 진실

참선도
깨우침도
결국은
비워내야 한다는
법문을 읽는 곳

뻥

유유자적하는 말놀이
부풀어 오른 빵처럼 풍성하다
먹음직하여
그럴싸하게 포장하여
좌판에 올려놓는다
속 빈 강정이다

하늘 높이 오르는 애드벌룬
으쓱한 어깨
바람 빠지면 헛일
헛바퀴로 돌아가는 발동기다

산 중턱에 고사한 고목
비스듬히 누워 있다
잎이 푸르지만 역시
뻥이다

통닭의 자존심

죄목을 제시하라
실오라기 하나 남기지 않고
벌거벗긴 알몸
전기 고문이라니

단언컨대
새벽에 홰치며
여명을 부르는 "깨어라!"는
전설처럼 내려오는
명문가의 가훈인 것을

전생에 죄 없는 자
육보시로 성불 되는
의식을 보아라

모방과 표절

텔레비전 오락 프로그램을
다섯 살 꼬마가 흉내 낸다
흡사하다

성형외과에 들어갈 때는
손 아무개였는데
나올 때는 황신혜와 비슷하다
요지경이다

웨딩홀의 신랑 신부
칸막이마다 판박이다
아리송, 헷갈린다

당신도 시인입니까

이름을 버젓이 내건다
모방과 모작에
양심 따위는 뒷전인 당신

유명 시인은 아닐지라도
끓일수록 구수한 토장국처럼
깊은 맛 날 때까지
불 지펴야 하는 것을 모를 리야

독수리 발톱 같은 예리한 눈으로
언제라도 잘근잘근 씹어 뱉을
독자가 있다는 것을
명심할 일인 것을

아시나요. 그대

아시나요. 그대
눈물의 의미를
타는 가슴에서 녹아내리는
결정체인 것을

그리움으로 심장이 타들어 가다
촛농처럼 녹아내린
한 방울이란 것도

아시나요. 그대
아무리 눈물로 바다를 이룬다 하여도
그리운 마음 채우지는 못한다는 것을

장례식장에서

입 다물 일이다

끝까지 가보지 않고서는
인생이 무엇인지
말할 수 있는 것이 아니라고
망자도
침묵하고 있지 아니한가?

하여
앞, 뒤 순서 없이 가는 것인지도 모르지
너,
나,
우리 모두
숙제로 남겨 놓고

통영 식도락 그곳에 가면

빨판이 손바닥인 문어 다리 밧줄로
밤새 묶어둔 바다
키조개가 수문을 열면
달아 선창 식도락 식당도 문을 연다

새벽안개 스멀스멀 밀려나고
따개비 같은 섬들
빠끔히 고개 내밀면
선창의 두런거림처럼
식도락의 아침도 분주해진다

터프한 사장님은
따개비 우럭 키조개 문어 넙치
아낌없이 뚝배기에 올려놓고
팔도 미식가 기다리는 여유
남해만큼 넓다

몽돌

변산반도 바닷가에
몽돌몽돌 몽돌 소리 들어보라

귀 기울이면
달그락달그락
천년 수행 염주 굴리는 소리도 있고
싸랑싸랑거리는 사랑가도 있다

파도가 넘나들며
별과 도란거리다 떠난 자리
햇살에 마르다가
풍랑에 뒤척이는
송골송골 물방울 튀는 소리

모진 세월 견뎌낸
천년의 신비
변산반도 바닷가에 있다.

일용 근로자

새벽에 나간 사내
저물녘까지 빈손
단골 술집 들려
기생하는 가난을 헹구고
비틀거린다

어찌어찌 집 근처
업어치기 매치기
가로등 허리 잡고
어라 차차

개 같은 세상
허이 허이
우는지 웃는지
새벽달 기우는데

집념과 집착의 미학

생의 한 구간에 그물을 쳐 놓고
마냥 기다리며
한 우물을 파는 거미

요양원에 입소한 치매 할머니
궁핍한 시절에 온통 신경이 꽂혀
아이 되어 밥 달라 칭얼거리며
요지부동이다

유기견을
공들여 길들이는데
제 주인이 아니라고
밤손님 몰아세우듯
막무가내

애인과 헤어졌다
밤잠을 설쳤다

광풍

바람이 운다
다섯 살배기 철부지다

앙칼지게
세상을 뒤엎을 듯
떼쓰는
심술보의 깊이를 가늠할 수 없는
다혈질이다

악다구니로 깨고
막무가내로 부수고
포수처럼 던지고 찢으며
포효(咆哮)하다

유유자적 돌아서는

혈액형 O형

외포리 파도

또 무슨 일이 있는지
가쁜 숨 몰아쉬며 달려온다

하얀 이빨 보이며
호탕하게 웃는 얼굴
포말처럼 피어나
온 동리 환하다

궂은일 좋은 일
너른 가슴으로 감싸 안으며
큰 손으로 토닥이는
약방에 감초 같은
삼성리 여반장님

꼴뚜기의 항변

뼈대 있는 집안이라고
대들보를 등에 지고 다니는
갑오징어를 보면서
볼품없고 내세울 것 없지만
문어 대왕 앞에서도
기죽지 않는 뚝심으로 산다

당당해라
배짱도 없고
쥐뿔도 모르면서
어물전 망신 꼴뚜기라고
얕잡아보며
거들먹거리는 너
졸부 꼴값인 걸 아느냐

화장실

밀실
은밀한 독대
금수저 흙수저도
엉덩이 까야 하는 곳

참선도
깨우침도
결국은
비워내야 한다는
법문을 읽는 곳

수행의 결정체는
똥이 되고
흙이 되는
위대한 여정이
시작되는 곳

아뿔싸

깨닫는 찰나는 이미 늦다
날아가는 새 쳐다보다가
내갈긴 똥 벼락

낚싯바늘을 피한 망둥어
다시 제자리로 돌아와
코가 꿰인 불운

먹이 물고 강 건너던 까마귀
물에 비친 것 탐하다
도로아미 나무아미타불

어느 시인의 시를 읽다가
한 건 잡은 영감
메모지 찾다가 볼펜 찾다가

앗차!

콧방귀

거들먹거리는 것이 본성
그래서 걸 거름 하다

덕지덕지
꼴불견
가시 박힌 듯 탁탁 뱉는다

눈 꼬리 치켜 올리는
거드름
가소로운 망나니

땅 따먹기

시작부터
모래성

바람이 불면 쓸려가고
사금파리 조각 같은
인생

던지고 잡아 보고
당기어 보아도
끝내 알 수 없는

오 직 한 분뿐

나는
마셔도 마셔도
목마른 여름 풀잎
당신을 향해서만
열려있는 작은 영혼
사랑한다는
수만의 언어로 꽉차있는
말씀의 동산에서
목마름을 채울 수 있네

폭포수 같은 은혜의 샘물
누구나 먹을 수 있는 샘물이라네
값없이 주는 지대한 사랑

이젠 아무도
그 무엇으로도
내 영혼을 채울 수 없지만
그분 뿐이라네

오직 한 분뿐

4부   변신은 무죄

찬바람을 젖히고 미장원서
애드벌룬처럼
허황된 꿈을 머리에 불어넣고

미장원을 나서지만
치장은 동태 한 마리 값

변신은 무죄다

감자밭에서

오뉴월
감자밭에 엎드려
가난을 캐어 담던
우리 어머니 자식 곁을 떠나셨다

오일장에 간 엄마 기다리며
해 질 녘
방 한구석에 여섯 자식
쪼그리고 있던 날처럼
깜깜한 땅속 올망졸망

7월
자주색 꽃이 피어
어머니
행여 다녀가실까 봐
감자 밭둑에 호미 한 자루 놓아둔다

충고

어찌
저리 불태울 수 있는지

온 산 가득
황홀한 외침

저런 사랑이 아니라면
입 다물 일이다

저 단풍 앞에선.

봄동

봄볕에 곱슬머리 풀고
텃밭 여기저기
나앉았다

이제나저제나
마음을 훔치고 싶어
염탐하는 셰프들
기웃기웃

야무지게
노오란 스카프 가슴에 안고
겨우내 지켜낸 生이
암팡지다

해국

경주시 양북면 읍천항 바다
주상절리
수많은 은빛 날개를 퍼덕이는
바닷새의 군무 같은
파도

한 옥타브 오르기 위한
숨 고르기 할 때의
쥐 죽은 듯한 고요함이
마치 폭풍전야의 팽팽한
오르가즘

피아노 건반을 두드리듯
또는
신들린 손놀림으로
파도가 훑고 지나갈 때마다
수천
수만
송이송이
피고 지는 해국

바랭이 풀

어디든지 터를 잡고
올곧게 앉아
주기도문 외우듯 줄줄이 엮어
촉수의 감각으로
생을 넓혀나가는 길이며
오로지 신앙이다

오가는 발길에
목숨 줄 내놓고 살지만
마디마디 쉼표로
촉촉이 박음질하듯
엉덩이만 한 방석을 엮어내며
내일이라는 희망으로 가는
너만의 투지다

해바라기

아침 일찍
타박타박 길나서
그리움만 따라가다가
아무도 모르는 밤중에
온 길 돌아가는
부질없는 짓으로
끝내
내안의 부재를
들여다보는 것처럼
가슴 까맣게 타버린
눈물의 꽃

유월의 애가

물음도 기다림도 없는
무명 병사의 절규
죽음이 일어나
어머니를 부르고 있다

무궁화는 피고 지고
다시 피는데
어미의 눈물은 마르지 않고
갈라 터진 논바닥 같은
유월의 아픔이여

순무 김치

강 건너 불어오는
한여름밤 바람 같다는
무성한 소문대로
상큼하고 알싸한 그녀

섬 아닌 섬 강화도 촌색시
톡 쏘는 성깔도
매력 만점
항상 달콤한 그 맛
늘 그리운
엄마 젖 냄새처럼 향긋한 맛

변신은 무죄

하루를 꺾어 신고 오일장에 나선다
바다를 들어 올린 좌판 위
매끈한 몸매로 누워 있는 생태는
물색을 삼킨 그대로다

앙다문 입
내처 난바다를 달리던 눈빛은
생태 동태 명태 황태 북어로
이름표 붙여질 그 날을 기다린다

찬바람을 젖히고 미장원서
애드벌룬처럼
허황된 꿈을 머리에 불어넣고
미장원을 나서지만
치장은 동태 한 마리 값

변신은 무죄다

봄

화냥기를 숨길 수 없어
고삐 풀린 망아지처럼
햇살의 등을 밟고
산과 들을 휘적인다

겨우내 움츠렸던 몸을 열고
초롱초롱 꽃눈을 키워가는
나무들의 몸짓
마디마디 아프다

땅의 정기를 자아올린
사타구니에
생의 반경을 넓히며
자지러지는 화사한 웃음소리

詩야 놀자

번개처럼 스치는
던진 공깃돌 잡듯
찰나를 놓칠세라
빙판 위의 스키나
지지대를 잡는 외줄 타기 같은
무릎을 탁 칠 수 있는

詩야
오금이 저리도록
는개처럼 촉촉하게
가슴을 적셔다오

물들이기

봉숭아 꽃물은 손톱에 들이지만
잘 쓴
詩
한편은
심장을 녹이고 가슴을 물들인다.

거짓말

어디서부터인가
수취인 불명으로
굴러들어와
머리도 꼬리도 없는 것이
핏대를 세운다

신바람 내어
일파만파 구만리로 번지는
바람개비 혓바닥

어물쩍 입을 닫는
자충수

단풍

내 생애
단 한 번만이라도
저런 사랑이 있었을까

지금이라도
할 수만 있다면
목숨을 걸고 싶은

황홀한 외침
만산에 불 질러 놓은
두둑한 배짱
사랑 고백서

추억 2

술감이라는 마을에 가면
밤 익어가는 소리가 들린다

엣다!
동네 어르신
꿀밤 준다 하며
머리를 쥐어박았지

9월
밤송이 익어가고
알밤이 툭 떨어질 때면
뒤통수가 아리다

고사리

무에 그리 부끄러운지
고개 숙인
봄의 전령사

여린 모가지
손끝의 감촉
새삼 숙연하다

암팡지게 오므린 꼭짓점까지
등 휘는 줄 모르고
숨어 오른 생명
너의 집념을 닮고 싶다.

이웃사촌

확성기를 통해
마을 이장의 목소리가
혈구산 아랫마을 하나를 휘덮는다

독거노인 한 분이 쓸쓸히 갔단다
삭막한 세상이다
언제 떠난 지는 아무도 모르고

낭이도 까미도 새끼를 낳았다
네 자식 내 자식이랄 것도 없이 서로
젖을 물리며 돌보아준다
속 깊은 정이다

방울이와 가을이는
야옹이의 몫으로 항상 자기 밥을 남겨 놓는다
서로의 관심이고 배려이다

말 못 하는 짐승도
핥아주고 등 비비며 애정표현을 하는데
하물며 사람과 사람 사이가
한밤중 같아서야!

고려궁지의 벚꽃

춘삼월 이맘때면
강화도 고려궁지 앞마당엔
꽃바람 타고 온 나비 떼
포말 일 듯이 뜰안 가득

행여 밟힐세라
뛰는 아이들
꽃잎 되어 비켜나는
고려궁지 하늘 가득
나비의 춤
아이들의 나래짓

5부 칠순, 칠십 리 여행

희망 사항 중에 천수 天壽(120세)가 목표인가 묻고 또 되뇌어 보아도 좀처럼 답을 말할 수는 없지만 10년, 20년 후에 되돌아보는 오늘이 후회하지 않도록 또 다른 목표를 설정하고 그 지점으로 달려가야 할 것이 아닌가 한다
젊은 날 목표가 있기에 꿈도 있고 희망찬 아침 해를 바라볼 수 있었던 것처럼……

골목

석양이 등 밀어낼 때
어시장 좌판 접은 아낙들이 돌아오는
어깨가 축 처진 골목

퍼즐 맞춰 넣은 것 같은
시멘트 벽돌은 가난을 물고 있지만
언제나 사람 냄새가 훈훈하던 곳 기억하고

담판 짓겠다며
사생결단이던 김가도 떠난 이듬해
개발의 삽질에 폐허가 되고 붙박이는 없다

하나, 둘씩 어디로 갔는지
그리운 옛정을 찾아드는 바람도
돌아 나오는
이제는 먼 나의 유년

아버지 목소리

어떤 날엔
처마 끝 낙숫물 같고

어느 날엔
풋사과 베어 물기 전
입안에 고이는
단물 같은

앞길이 안보일 때
길잡이로

빛과 어둠을 뚫고
따뜻하게 안겨 오는
자애

자반고등어

바다 이야기를
소금에 절여두고
생이 마감된
좌판의 체념이 여유롭다

태평양을 횡단하던
푸른 꿈과
바람과 태양을 잠재우는
의식의 순리에 침묵하는
여유로움이다

내 한때 사랑
희미해졌지만
떠난 그 사람도 저랬을지
반추해본다

송편을 먹으며

한가위 둥근달이 뜨면
아련한 추억 한 토막 꺼내어 본다
유난스레 눈이 커서
왕방울이라 불리던
순이

뒷동산에 달 따라 가며
손에 들고 온
송편 하나

박꽃같이 하얀 이 드러내던
그 아이
추석날이 되면
소가 꽉 찬
솔잎 향의 송편 속살에 앉아 있다

달아 공원에서

저 아래
파도가 자맥질하는
굴 밭 사이사이로
비진도 소도 소지도 학림도 연화도
가리비처럼 떠 있다

때로는 파도에
목까지 휘말리고
애꿎은 바람은
연화사 출렁다리 흔들다가
동백 핀 달아의 품에 든다

일몰의 아름다움과
은은한 달빛의 유혹에 끌린 시인은
오늘 밤 내내
달아의 애인이 되어줄 것이다

위대한 힘
-도전장을 던지다-

더 이상의 망설임은 없다
기다림의 벽은 늘 견고하다
불굴의 투지와 용기의 끈을 잡고
행선지의 문을 연다
모르는 것이 수치가 아니라
도전 못 함이 수치다

푸른 능선 어느 지점에
시 밭을 일구려는 집념은
두려움 앞에 굴복하지 않는다

열정은 도전
며느리로 아내로 엄마란 이름 대신
다시 시작하는
출발의 신호탄을 쏘아 올린다
마침표를 찾아서

간판 없는 칼국수 집

인천시 남구 용현동
메타쉐콰이어 숲처럼 빽빽한
고층아파트 아래 한 켠에
철거되지 못한 판잣집
연안부두 바닷가 게딱지처럼
납작 엎드려 있다

머리 닿을세라 고개 숙여 들어서면
찐득한 사람 냄새가 구수하고
빛바랜 벽지에 낙서한 이름들
덕지덕지 다정하다

사기그릇에 담겨온 칼국수
겉절이 한 젓가락 얹어 놓으니
서남쪽 밀밭 고랑을 걸어 나오는
젊은 날의 어머니가 보인다

폐지와 할아버지

한때는
제 몸보다 더 큰 먹이를 물어다 나르는
개미처럼
옹골찬 꿈을 꾸는 가장이었다

금방이라도 쏟아질 것 같은
먹구름만큼이나 버거운
폐지를 실은 손수레

소진된 전자시계 초침처럼
가다 서다
끝내는 멈춰 설 것 같은 위기촉발이다

된서리 맞은 늦가을의 낙엽같이
거무튀튀한 얼굴은 지나온 삶의 지도
그 무게를 저울질하며
뒤따라온 어둠이
휑한 쪽방에 먼저 누웠다

뭘 신고 건너나

금강 하굿둑을 거닐려면
금강 구두를 신어야 하고
메타쉐콰이어 숲길을 걸을 땐
에스콰이아 구두를 신어야 한다

엘살바도르에서 엘칸토 구두 신고
로마로 갈 때는
랜드로바로 바꿔야 한다

고향 집 갈 때 실개천을 건너려면
꽃신 벗어들고 건너는데
오작교 다리 놓는 까치는
은하수 건널 때 무얼 신고 건너나

기도

어찌해야 합니까
역사의 바퀴가 삐걱대고 있습니다
칠흑을 배회하는 밤배의 항로에
등대는 보이지 않습니다

여의도에서 번지는
탄핵의 촛불은
광야를 달리는 민중의 깃발입니다

조국을 위해 목숨 건
독립투사 에레미야 느헤미야
한 몸 불사른 에스더의
울부짖음이
하늘에 닿고 있습니다

이스라엘을 바로의 악행에서 건져내신
주님이시여
저 절규 은혜로 거두어 주소서

용서와 화해 사랑과 평화가
하나 되게 하소서
주님의 이름으로 기도합니다. 아멘

노근리에 내리는 봄비

그대들은 없고
무심한 봄비만 내린다
황간역을 지나온 기적도 젖고
월류봉 돌아 나온
달빛도 젖는다

반세기도 넘은
그 하늘 그대로건만
쌍굴에 박힌 비명이 들리는 듯
총알 자국 선언하다

추모공원 마당에
어린 자식 품에 안은 석상
어미의 눈에 맺히는
원망의 눈물방울도 슬퍼서
하늘마저 주저앉는데
한 많은 영혼을 달래는 추모비에
무명 시인의 시도 봄비에 하염없다

평창

해맞이 동쪽 나라에
천문이 열린다

월광 소나타 제1악장과
광시곡의 합주가 어우러지는
평창 설원

지구인의 귀와 눈
사상과 이념도 하나가 되는
사랑, 자유, 평화가 어우러지고
지구가 하나가 되었다

평창 올림픽

낡은 구두

백화점 진열장처럼
잘 정돈된 신발장에
구두 한 켤레
그의 삶이 오롯이 들어 있다

하루 수십 리 길
맏아들 대학 등록금
막내딸의 크레용 한 갑과
맞바꾼 세월

헤진 밑바닥 같은
지난날을 되돌아보며
이제야 숨 돌리고 있다
나의 아버지

내 이름 찾기

아득하다
어디서부터 잃어버렸을까?

그냥 여자인 채로
몇 번이고 이름이 바뀌어 불려도
그렇게 살면 되는 줄 알아
당연하다 생각하였는데
왜 이렇게 가슴 한구석이 아릴까

먹물처럼 얼룩진 삶 속에 묻혀
달려온 인생
잊혀진 날들은 무관한 거라고
이제라도
나비처럼 날고 싶어
도리질한다

이 세상 온 길로 되돌아가는
그날이 가까워져 오니
명함으로 또렷하게 보이는
내 이름 석 자

봄으로 오는 그대

아슴아슴 발걸음소리 들린다
조곤조곤
오밀조밀

어렴풋이
들리는가
땅속에선
무대 위에 세울 순서대로
줄 세우느라 쿵쿵
북 치는 소리

길잡이로 나선 바람
미끄러지듯 매화 가지에 앉으니
매화봉우리 첫사랑처럼 수줍다
그대, 봄으로 오고

어미라는 이름으로

소식 없는 자식 이제나저제나 기다리다
다급한 목소리, 뜬금없는 전화에도
목소리라도 들었으니
그것만이라도 다행이라고 생각했습니다

어쩌다 오겠다고 연락이 오면
시장으로 달려가 있는 것 없는 것
맛있는 음식 해놓고 손님 기다리듯 했습니다

어미는 허름한 옷, 해진 양말을 신어도
자식은 유행을 따라가는 메이커이어야 만
되는 줄 알았습니다

한 해에 두 번 오는 설과 추석 명절에
왔다가 돌아갈 때,
바리바리 싸 주고도
아쉬운 마음 누르며 태연한 척했습니다

맛있는 거 사준다 해도
자식 주머니 생각을 먼저하고

집 밥이 더 맛있다고
마음에 없는 말을 하기도 했습니다
생색내며 시간 내어 오겠다는 자식을
온종일 기다리다 지쳤지만
사정이 있겠지, 섭섭한 마음을 삭혔습니다

자식이 건네주는 용돈 몇 잎도 안쓰러워
가진 것 전부를 주고도
더 줄 수 없어
못내 아쉬운 마음이었습니다.

일평생
자식 바라기하며
이렇게 해야 하는 줄 알았습니다.

이 가을에

노을을 배경으로
한들거리는 코스모스
너와 나란히 걷던 그곳
한 조각 떼어낸 구름 붓으로
그림하나 그리고 싶다

그리고 너를 위하여
국화 향기 담은
詩 한 편 써두고 싶다
영원히 지워지지 않을
가끔
꺼내볼 수 있는

자화상

주름이
하나, 둘
전혀 낯설지 않은
그 모습

이 세상에
하나밖에 없는 지문

엄마와 닮은
얼굴

■ 기행문

아름다운 동행

어디론가 훌쩍 떠나고 싶은 봄

움츠렸던 겨울, 두꺼운 옷을 벗어버리고 몸과 마음을 힐링하고 싶은 햇빛 좋은 3월 어느 날 반가운 전화 한 통이 왔다.
이런저런 안부와 함께 정 시인님이 문인 몇 분과 부담 없는 만남을 갖고 싶다는 것이다.
흔쾌히 추진하기로 하고 1박 2일 여행을 하기로 가닥을 잡았다
7년 전인가? 글을 쓰는 사람이라는 이유로 인연을 맺어온 정시인께서 초대하고 싶은 7명, 그 외 2명이 특별초대 되었다.

장소는 충남 태안군 소원면에 있는 정시인님의 옛집인데 가족. 친지. 지인들이 쉬고 갈 수 있도록 약간 개조한 시골집이다.

드디어 만나기로 한 서울 팀과(강화. 인천. 충북괴산, 의정부) 합류하여 시청 서울역 2번 출구에서 출발하였다.
목적지를 향해 가는 차 안에서 지금까지 몰랐던 정시인 님의 근황을 들을 수 있었는데 그동안 병마와 싸우느라 고생을 많이 하셨고 지금도 회복 중인 단계였다.

가슴에 스탠드 2개와 한 번도 어렵다는 뇌수술을 두 번씩이나 하였으며. 두 번째는 의식을 잃은 채 구급차에 실려 갔는데 깨어나지 않아 의사가 가족들에게 마음의 준비를 하라는 말까지 했었다고 한다.

누구나 마찬가지겠지만 투병을 하는 동안 앞, 뒤 돌아볼 겨를 없이 살아온 인생이 허무하게 느껴졌다는 정시인의 말이다. 그래서 더욱 몇몇 분의 얼굴이 떠오르며 보고 싶어 눈물이 나더라며 그래서 오늘의 모임을 갖는다는 것이다.
그 말을 듣는 순간 너무도 감사했다.

조그마한 사업을 하신다고 하셨기에 간혹 안부 전화라도 드리면 통화가 잘 안 되었고 그때마다 외국 출장을 갔었다고 했는데 그때마다 입원하셨던 것임이 짐작된다.
절대로 남의 신세를 지지 않는 분임을 알기에 더 이상 말씀 드리지 못했고 은근히 야속하기까지 하다.

어느새 안양에서 출발한 시인들과 합류하기로 한 행담도 휴게실에 들려 잠깐 쉬었다가 태안까지 4시간여를 단숨에 달려갔다. 도착해보니 김해에서 출발한 박시인님은 한 시간 전에 오셔서 기다리고 특별히 초대된 두 분 중 한 명인 문 시인님도 대구에서 오고 있다는 전갈이 왔다.

1시 30분에 서울 안양. 김해. 대구에서 오신 분들 모두와 합류 하여 박경원의 『만리포사랑』노래 시비가 있는 주변 횟집에서 우럭매운탕으로 점심을 먹고 얼마간 해변을 거닐다가 정 시인님의 옛집숙소로 이동 했다 .

우리들의 이야기꽃은 밤 가는 줄 모르고 이어졌다.
인생 경륜이나 나이 따위는 아무런 상관없는 시인들의 대화는 끝이 없다.
행복을 추구하며 쫓아가는 인생을 모두 내려놓을 때, 거기에 행복이 있음을 공감하며 문정을 다독인 밤은 그렇게 깊어갔다.
다음 날 이른 아침을 먹고 서산의 명소 간월도 앞 작은 섬에 자리잡고 있는 암자 간월암으로 향했고 도착 하니 점심 때가 되었기에 간월암 초입에 있는 소문난 영양 굴밥으로 점심을 먹고 무학대사가 창건하고 송만공 대사가 중건 하였다는 간월암 이곳저곳을 둘러보고 빼놓을 수 없는 인증 기념사진을 끝으로 그곳을 나와 각자가 온 길로 되돌아섰다.

투병 중임에도 정 시인의 초대가 너무도 감사했고 이로 인해 옛정이 더욱 결속되는 계기가 되었으며 인생의 『참다운 삶』과 『아름다운 동행』에 대해 다시 한 번 생각하는 계기가 되었다.

1박 2일이라는 짧은 여정이 아쉬웠지만, 다음을 기약했고. 오롯한 정을 듬뿍 주고받은 문인들과의 풋사랑 같은 추억은 인생 한 페이지의 갈피에 소중하게 끼워둘 일이다

아쉬움을 아는지 작별할 때쯤부터 추적추적 내리던 비가 우리집 대문 앞 까지 어느새 따라와 있었다.

■ 수필

모성애

우리 집 고양이 낭이가 새끼를 낳았다.
도둑고양이 새끼를 집고양이로 길들였는데 그새 임신을 한 것이다.
어느 날 종일 보이지 않던 고양이가 배가 홀쭉하여 나타났다. 여기저기 살펴보니 허드렛 광으로 쓰고 있는 구석진 방에 예쁜 새끼 세 마리가 꿈틀거리고 있었다.

녀석이 삼복더위에 새끼를 낳은 것이다. 혼자 낳고 태를 자르고 뒤처리까지 말끔하게 치워놓은 상태였다.
동물들은 자기 스스로 모든 일을 처리한다.
얼마나 힘들고 더웠을까? 선풍기를 틀어 주고 밥과 물을 주었다. 어미는 새끼가 배설하도록 생식기를 핥아 주었다. 그러면 새끼들은 오줌을 누고 똥을 싸곤 했다. 어미는 그것을 다 받아먹으며 새끼를 돌보느라 생리 현상을 처리하러 밖으로 나가는 일 외에는 꼼짝도 하지 않는다.

어미는 가장 편한 자세로 새끼가 젖을 먹을 수 있도록 한다. 극진한 모성애로 자식들을 키우는 건 동물이나 사람이나 같음을 알 수 있다. 인간도 마찬가지로 똥 색깔을 보고 냄새를 맡으며 아기의 건강을 점검하며 애지중지 키운다. 모성애는 신의 마음이 아닐까?

언젠가 영국의 사진작가 미셸몰리나가 이탈리아 여행 잡지에 소개한 사진 한 장을 본 적 있다
위험천만한 도로 중앙에 여덟 마리의 새끼에게 젖을 물리고 있는 어미돼지의 사진이다

이렇게 강인한 모성애로 지금까지 종족이 이어져 오고 있다. 할머니가 그랬고, 어머니와 내가 그랬다.
그런데도 살뜰하게 키운 자식이 부모를 때리고 학대하고 죽이기까지 한다. 그뿐만이 아니다. 부모가 자식을 때리고 학대하다 죽이는 동물만도 못한 부모도 있다.

이 세상 과학과 문명이 발달할수록 근본적인 것이 무너지고 세상은 메말라가고 있다. 만물의 영장인 인간은 그것들을 다스리고 돌보아줄 의무와 권리가 있다. 이 세상에 존재하는 것은 함께 공생하는 것이지 강자가 약자를 함부로 해서는 안 되는 것이다.

지구가 멸망하기 전까지는 모성애는 영원히 지속할 것이다.

■ 수필

칠순, 칠십 리 여행

이 시대를 일컬어 백세시대라 한다
지금 나는 백 리 길에 칠십 리를 왔다
산을 오른다면 칠부 능선이고 인생 백세의 끝 지점을 보면 30리 남은 지점이다

또한, 하동포구 칠십 리, 서귀포 칠십 리란 말이 있는데
이 말은 그 길이가 칠십 리라는 것만이 아닐 것이다

섬진강물 한 사발
재첩국 허연 속살
새벽보다 먼저 깨어
골목길로 끌어온 강
시조 시인 김만수의 제첩국 일부를 들여다보거나

모래사장 철썩철썩 파도치는 서귀포
미역 따던 비바리는 어디로 가고라는
서귀포 칠십 리를 부른 이미자 노랫말에서도 보면, 칠십이라는 이 숫자가 그냥 칠십이 아니라는 생각을 하게 된다
그렇다면 나이 칠십과 지명地名의 칠십이 무슨 관계가 있을까?
지금 내가 쥐고 있는 칠십의 의미는 무엇인가?
박목월의 「나그네」란 시에서 보면 길은 외줄기 남도 삼백

리란 한 구절이 있다

그 삼백 리의 기준이 어디 있느냐고 물었을 때 이 백 리는 그렇고 사백 리도 그렇고 해서 적당한 삼백 리라 했다는 일화처럼 지명의 칠십 리도 60은 무언가 설익은 듯 어색하고 80은 너무 먼 것 같고 그래서 적당한 지점을 70이라 했지 않을까 하는, 그런 맥락에서 보면 지금의 내 나이 칠십은 인생의 가장 적당한 위치에 있지 않을까
스스로 위안을 삼는다

요즈음 같이 만물이 풍족하여 밥 굶는 사람 없고 발달한 의술의 혜택으로 칠십 나이를 이제부터 시작이라 하고 호사를 누릴 때라 한다. 그래서 오늘처럼 당당하게 여행도 가는 것이지만 어쩌면 칠순의 나이는 하동포구의 칠십 리 강물이고 서귀포 칠십 리의 아득한 길을 걸어가는 것은 아닌지 몸도 마음도 자기 뜻대로 한다는 종심終心(70)인 이제 와서야 인생이 무엇인가를 돌아보게 된다.

지금까지 앞만 보고 달려왔지만, 앞으로의 생生은 따뜻한 커피 한 잔, 국수 한 그릇이라도 나누어 먹는 일일 것이며, 나이아가라 폭포의 웅장함과 힘찬 박력은 없다손 치더라도 하루하루에 최선을 다하고 이웃을 사랑하고 배려하며 바람 부는 대로 마음 가는 대로 아낌 없이 살다가 고운 노을처럼 미련하나 남기지 않고 떠나는 것이 지금 칠순의 또 다른 전성기를 사랑하는 일이 아닌가 싶다.

희망 사항 중에 천수 天壽(120세)가 목표인가 묻고 또 되뇌어 보아도 좀처럼 답을 말할 수는 없지만 10년, 20년 후에 되돌아보는 오늘이 후회하지 않도록 또 다른 목표를

설정하고 그 지점으로 달려가야 할 것이 아닌가 한다.
젊은 날 목표가 있기에 꿈도 있고 희망찬 아침 해를 바라볼 수 있었던 것처럼······

김선옥 제5시집

칠십 리 여행

초판 인쇄 | 2019년 4월 15일
초판 발행 | 2019년 4월 20일

지은이 | 김선옥
엮은이 | 박재근
펴낸이 | 장영동
펴낸곳 | 도서출판 예인
주　소 | 김해시 금관대로 1183번길 13-13
등　록 | 제2016-000006호
전　화 | (055)338-9008
팩　스 | (055)327-4080
메　일 | yeinprinting@naver.com

　　　값 10,000원

ISBN 979-11-958210-8-2　03810

*잘못 만들어진 책은 바꾸어 드립니다.

○ 이 도서의 국립중앙도서관 출판예정도서목록(CIP)은 서지정보유통지원시스템 홈페이지(http://seoji.nl.go.kr)와 국가자료종합목록시스템(http://www.nl.go.kr/kolisnet)에서 이용하실 수 있습니다.
(CIP제어번호 : CIP2019012318)